30 POEMAS DE UM NEGRO BRASILEIRO

OSWALDO DE CAMARGO

30 poemas de um negro brasileiro

COMPANHIA DAS LETRAS

Copyright © 2022 by Oswaldo de Camargo

Grafia atualizada segundo o Acordo Ortográfico da Língua Portuguesa de 1990, que entrou em vigor no Brasil em 2009.

Capa
Alceu Chiesorin Nunes

Imagem de capa
Assinatura dos esquecidos — Oswaldo de Camargo 2, de O Bastardo, 2022.
Acrílica e Posca sobre linho, 92 cm × 72 cm. Cortesia do artista.
Reprodução de Filipe Berndt.

Imagem de quarta capa
Assinatura dos esquecidos — Oswaldo de Camargo 1, de O Bastardo, 2022.
Acrílica e Posca sobre linho, 92 cm × 72 cm. Cortesia do artista.
Reprodução de Filipe Berndt.

Preparação
Gabriele Fernandes

Revisão
Jane Pessoa
Ingrid Romão

Dados Internacionais de Catalogação na Publicação (CIP)
(Câmara Brasileira do Livro, SP, Brasil)

Camargo, Oswaldo de
  30 poemas de um negro brasileiro / Oswaldo de
Camargo. — 1ª ed. — São Paulo : Companhia das
Letras, 2022.

  ISBN 978-65-5921-206-4

  1. Poesia brasileira I. Título.

22-102649   CDD-B869.1

Índice para catálogo sistemático:
1. Poesia : Literatura brasileira   B869.1

Eliete Marques da Silva – Bibliotecária – CRB-8/9380

[2022]
Todos os direitos desta edição reservados à
EDITORA SCHWARCZ S.A.
Rua Bandeira Paulista, 702, cj. 32
04532-002 — São Paulo — SP
Telefone: (11) 3707-3500
www.companhiadasletras.com.br
www.blogdacompanhia.com.br
facebook.com/companhiadasletras
instagram.com/companhiadasletras
twitter.com/cialetras

À memória da declamadora Nair Araújo,
sra. Doris Volhard-Schierenberg,
professor Ovídio Pereira dos Santos,
amigo Raimundo Rodrigues da Silva.

Sumário

Prefácio, 9
Carta a Florestan Fernandes, 27

15 POEMAS NEGROS (1961)
Canção amarga, 41
Meu grito, 43
A manhã, 45
O saudoso guardador de reses, 47
Relembrança, 49
A modo de súplica, 51
Pergunta, 53
Profundamente, 55
4 sequências
   I, 57
   II, 59
   III, 61
   IV, 63
Ronda, 65
Grito de angústia, 67
Fragmentos em prosa, 69

MAIS 15 (1984-2017)
Atitude, 81
Oferenda, 85
Festança, 87

Miragem, 89

Antigamente, 91

Disfarce, 95

O estranho, 99

À Senhora Aparecida, 101

Rumo, 103

Lembro-me, sim, estive lá!, 105

Que farás?, 107

Epigrama, 109

Em maio, 111

Presença, 113

A bala que matou Ninico, 115

Prefácio*

Florestan Fernandes

Ignoro as razões que levaram Oswaldo de Camargo a dar-me o privilégio de prefaciar a presente coletânea de poemas. Não sou crítico literário. Tampouco tenho competência ou sensibilidade para apreciar judiciosamente sua produção poética. Considero a crítica literária uma especialidade complexa e difícil, que exclui a improvisação e requer não só *talento* e *bom gosto*, mas sensibilidade, erudição e imaginação criadora. Sendo evidente que não reúno essas condições (pelo menos em relação à capacidade de ser crítico literário...), entendi que o convite se endereçava ao sociólogo, algum tanto conhecedor da situação do negro na sociedade brasileira. Às vezes, uma condição exterior à obra de arte pode ser significativa para a sua compreensão e interpretação. Talvez o autor procurasse, portanto, alguém que pudesse "explicar" a sua poesia à luz de sua condição humana — das influências e motivações psicossociais que ficam por trás da sua maneira de ver e de representar, poeticamente, emoções, sentimentos, aspirações e frustra-

---

* Texto publicado na primeira edição de *15 poemas negros*, lançada em 1961 pela Associação Cultural do Negro. A obra é reproduzida integralmente neste livro, acompanhada de poemas presentes em *O estranho* (1984) e na antologia *Luz & breu* (2017).

ções que poderiam ser entendidas como parte da experiência de vida do *negro brasileiro*.

Todavia, ao ler e reler *Um homem tenta ser anjo* (1959) e as poesias colecionadas nesta obra, chego à conclusão de que Oswaldo de Camargo é, essencialmente, um poeta. O fato de ser negro tem tanta importância quanto outras circunstâncias (como a de ser brasileiro, católico marcado por experiências místicas singulares etc.). O que conta, em sua obra, é a poesia. Embora ela exprima, em várias direções, a condição humana do seu criador, sobre ela e não sobre outras coisas deveria falar o seu intérprete. Ora, falece-me autoridade para isso. Um poeta jovem, que vem de uma estreia recente, pretende algo mais que uma "apresentação" convencional: espera que o apresentador diga aos outros o que ele próprio sabe acerca de seus versos, de suas intenções e do sentido de sua poesia. Nada que me sentisse capaz de fazer, pelo menos com justiça, propriedade e o devido respeito pelo autor, pelo público e por mim mesmo...

Abriam-se diante de mim dois caminhos. Um, o de lamentar as limitações da nossa celebrada "formação humanística". Bem mal vai um país no qual um professor universitário treme diante das responsabilidades do juízo estético. Não é só o padrão de educação que entra em jogo. É todo um sistema de vida intelectual que sofre um impacto negativo. Penso, em particular, na negligência dos críticos especializados, que só existem para os produtores de arte de prestígio consagrado, subestimando ou negligenciando a energia moça pela qual se processam a afirmação e a renovação das grandes ou das pequenas literaturas. O segundo caminho seria o de avançar os resultados de minhas modestas reflexões. Os que não podem concentrar-se na própria medula do raciocínio poético já dão algo de si indicando o que percebem, o que sentem e pensam. Por consideração especial pelo autor, não me neguei a isso. Acho sinceramente, porém, que ninguém lucrará nada com ideias tão minguadas de verdadeiro teor crítico.

Em uma civilização letrada, o poeta representa um dos produtos mais complicados do condicionamento educacional, intelectual e moral. É um contrassenso pensar-se que o negro brasileiro encontre na poesia (como em outros campos da arte) veículos fáceis de autorrealização. Há toda uma aprendizagem técnica, difícil de conseguir-se e de completar-se. Vencido esse obstáculo, erguem-se as verdadeiras barreiras humanas, que estão dentro e fora do próprio negro. De um lado, temos as contingências de um meio intelectual ainda mal polido e parcamente aberto às aventuras da inteligência criadora. Ele se fecha com facilidade, movido por molas que as convenções escondem ou disfarçam, especialmente diante das ocorrências que fogem às normas e à rotina. O produtor de arte negro é, em si mesmo (isto é, independentemente da qualidade e da significação de sua poesia ou seja lá o que for), uma aberração de todas as normas e uma transgressão à rotina, num mundo organizado por e para os brancos. De outro lado, acham-se as fronteiras que nascem da situação humana do negro na sociedade brasileira. Pode-se imaginar que existem várias gradações na linguagem poética e que a poesia não seja incompatível com nenhuma situação humana, reconhecível objetivamente. Embora isso pareça incontestável, só a força de um gênio permite superar as limitações sufocantes das barreiras que anulam o próprio sentido da dignidade do eu, aniquilando pela raiz as impulsões criadoras da inteligência humana. Em consequência, os "poetas negros" do Brasil caem, grosso modo, em duas categorias extremas. Ou são réplicas empobrecidas do "poetastro branco", ou são exceções que confirmam a regra, ou seja, episódios raros na história de uma literatura de *brancos* e para *brancos*, o que se poderia exemplificar, em relação à poesia, com uma figura tão conhecida como a de um Cruz e Sousa. Não existe uma vitória autêntica sobre o meio. A "inteligência negra" é tragada e destruída, inapelavelmente, antes de revelar toda a sua seiva, como se não importasse para o destino intelectual da nação.

A produção poética de Oswaldo de Camargo suscita, em termos dessas ponderações, novos ensinamentos. Ela foge ao primeiro extremo e evita, apesar das qualidades visíveis do poeta, o segundo, demonstrando que o negro intelectual, liberto dos preconceitos destrutivos do passado, tende a identificar sua *condição humana*, e extrair dela uma força criadora quase brutal e desconhecida, bem como a superar-se pela consciência da dor, da vergonha e da afronta moral. Em outras palavras, começa a delinear-se uma *poesia negra* e dela constitui uma floração rica e exemplar a presente coletânea. Mais que sobre qualquer outra coisa, é sobre essa poesia que gostaria de meditar, servindo-me da oportunidade que os versos de Oswaldo de Camargo me oferecem.

Na medida em que expressa a condição humana do negro no Brasil, essa poesia afirma-se como uma poesia de ressentimento e de profunda humilhação moral. Não evidencia apenas desalento e mortificação: a depreciação social da cor atinge o equilíbrio da pessoa, convertendo o poeta na voz do drama psicológico de uma coletividade. Já no livro anterior (*Um homem tenta ser anjo*), sente-se o tom acre e soturno do *protesto negro*:

> *Meu Deus! meu Deus! com que pareço!?*
> *Vós me destes uma vida, Vós me destes*
> *e a não consigo levar...*
> *Vós me destes uma alma, Vós me destes*
> *e eu nem sei onde está...*
> *Vós me destes um rosto de homem,*
> *mas a treva caiu*
> *sobre ele, Deus meu, vede que triste,*
> *todo preto ele está**

---

* Oswaldo de Camargo, *Um homem tenta ser anjo*. São Paulo: Supertipo, 1959, p. 55.

Mas é nos poemas desta coleção que o referido protesto atinge seu clímax, desvendando toda a amargura triste e revoltada de brasileiros que se envergonham de ser gente:

Recolho o pensamento e me debruço
nesta contemplação, assim me largo...
E, preso ao ser que sou, soluço e babo
na terra preta de meu corpo amargo...
(Excerto de "Canção amarga")

Deslembrado de mim, me recordei:
folha no chão, estrume, antigo som
de fonte e sobre a preta face
essa tristeza que sempre haverei...
(Excerto de "Relembrança")

Quem vos disse, senhores, que pareço
em desespero com qualquer rapaz?
Se me amargo a contemplar-me, sou
a luta entre o ser nada e o ser demais...
(Excerto de "Pergunta")

Profundamente em mim uma lâmina se enterra...
Se enterra e não vale recuo, nem o meu grito breve
às horas rubras desta tarde de hoje...
[...]
Já não sei que fazer para alegrar minh'alma!
E é preciso sofrer para salvar meu sonho!
(Excerto de "Profundamente")

Não sei meu rumo nesta rude terra,
nem sei a que destino me consagro...
(Excerto de "4 sequências, ɪɪɪ")

Pelo amor das lindas horas
em que sonhais só co'o amor,
parai um pouco, senhoras,
somos os homens de cor,
que vêm tecendo coroas
de tristezas pela estrada...
Voltamos de muitas noites,
há noite dentro de nós,
pelo amor dos que vos amam,
escutai a nossa voz!
[...]
Encontramos a esperança
toda em pranto debulhada...
E nos perdemos na noite,
não achamos a alvorada;
queremos subir na vida,
não encontramos a escada...
E estamos diante de vós,
pranteando o não sermos nada...
(Excerto de "A modo de súplica")

Eu conheço um grito de angústia,
e eu posso escrever este grito de angústia,
e eu posso berrar este grito de angústia;
quer ouvir?
"Sou um negro, Senhor, sou um... negro!"
(Excerto de "Grito de angústia")

Tentei multiplicar os exemplos de propósito. Sob várias facetas, eles nos mostram o negro torturado por avaliações que decorrem da aceitação de uma imagem do próprio negro construída pelo branco. As contradições, as ansiedades e as frustrações, expressas com tamanha autenticidade poética por Oswaldo de Camargo, emergem da mesma matriz. Avaliando-se através de critérios de julgamento e de expectativas morais recebidas do branco, o drama de ser negro corresponde, literalmente, à impossibilidade de afirmar-se em um mundo moldado pelos *brancos* e para os *brancos*. Desde a infância, o negro é modelado para viver nesse mundo, como se não houvesse diferenças entre *negros* e *brancos*; mas as portas fecham-se diante dele, quando tenta atravessar os tortuosos corredores que conduzem a tal fim. Existe, pois, um "brancor" no negro, o qual só pode ser reconhecido e é válido como estado subjetivo do espírito:

> *Rosa, rosa, o meu brancor existe,*
> *mas inexiste e meu corpo chora;*
> *rosa, meu pensamento existe,*
> *mas existe e meu corpo sofre…*
> *Percebo o brancor que em mim existe*
> *irrevelado e isso me faz triste…*
> *Quero ser ave!*
> *O azul sei que existe…*
> *Ah, minha alma, chora**

---

* Oswaldo de Camargo, *Um homem tenta ser anjo*, op. cit., p. 73.

Daí resultam contradições morais. A brancura e a infância surgem como obcecações que traduzem valores supremos:

> Eu vi de branco a menina e esse sonho
> jamais me escapou...
> E meus dedos sem visgo em vão tentaram
> sustar do sonho névoa e brevidade...
> E não sei que eco de orfandade
> lembrou-me então a mim que eu estava só,
> só como o sonho que era único:
> branca menina de sandálias brancas...
> Como tudo era branco, branco, branco!
> E quando me revi estava só...
> E minha vida estava branca, branca, branca,
> como meu primeiro caderno de escola...*

> Ah! que medi muito mal a distância da vida,
> e julgara comigo: "hei de ir muito longe",
> mas tombou sobre mim uma idade imprecisa
> e eu invejo agora o menino que fui.

> Eu invejo agora o menino que fui,
> leve, andando nas pedras de tantas montanhas;
> e, porque me tornei tristemente um homem,
> para breve serei uma sombra, só sombra.

* Ibid., p. 79.

Muitos restos de mim larguei já pelas ruas;
infelizmente me gastando vou...
numa esquina qualquer muitas mortes me esperam,
e eu espero também qualquer morte que venha...
(Excerto de "Ronda")

Ambas, a brancura e a infância, constituem polarizações centrais em sua poesia. Uma, como expressão do mundo vedado objetivamente ao negro, embora acessível pela participação subjetiva. Outra, como fase da vida em que as proibições são menos drásticas ou passam despercebidas.

O drama psicológico e moral do negro, sentido e descrito nesse plano, em que o *ego* aprofunda as contradições e as hipocrisias da "democracia racial brasileira", não consubstancia um estado de marginalidade nem uma atitude de rebelião. Eventualmente, o "brancor" chega a ser desmascarado:

Tenho em meus gestos um rebanho inteiro
de atitudes brancas, sem sentido,
que não sabem falar...
(Excerto de "A manhã")

Contudo, o jogo dos contrastes evoca a manhã e a noite em termos da oposição entre o *branco* e o *negro*. Não há o desafio moral da escolha nem o apego ambivalente à herança cultural do negro ou do branco; trata-se do universo mental que o negro se construiu, no qual ele deveria ser uma coisa, mas é outra:

Eu penso que a manhã não interpreta bem
a superfície escura desta pele,
que pássaro nela vai pousar?

Ai da tristeza de meu corpo, ai,
o pássaro conhece a manhã,
e sabe que é branca a manhã,
mas não ousa enterrar-se de novo
na noite...
[...]
Eu, no entanto, permaneço ao lado
da manhã e das cantigas...
A noite, a grande noite está pousada em mim
escandalosamente!
(Excerto de "A manhã")

O que subsiste, pois, é o desalento ressentido, que transparece melhor onde se afirma uma ligação espiritual com os ancestrais africanos e escravos:

Meu grito é o estertor de um rio convulso...
Do Nilo, ah, do Nilo é o meu grito...
[...]
Meu grito é um espasmo que me esmaga,
há um punhal vibrando em mim, rasgando
meu pobre coração que hesita
entre erguer ou calar a voz aflita:
Ó África! Ó África!

Meu grito é sem cor, é um grito seco,
é verdadeiro e triste...
[...]
Por que é que grito?
(Excertos de "Meu grito")

Em suma, o negro não repudia nada — nem a experiência ancestral, nem o universo criado pelo branco, nem a condição humana que nele encontra. A sua revolta nasce de uma injustiça profunda e sem remédio, que só ele sente por ser posto à margem da vida e da justiça humanas, vítima de um estado extremo de negação do homem pelo homem. Em nome de um código ético rude e egoísta, o branco ignora as torturas, os conflitos e as contradições que cimentam sua concepção "cristã", "cordial" e "democrática" do mundo, condenando à danação todos os *negros* que aceitem com integridade e ascetismo essa mesma concepção do mundo, com suas opções e valores morais.

Ainda é cedo para emitir juízos definitivos sobre essa poesia negra, associada à liberação social progressiva do branco e do negro na sociedade urbana e industrial brasileira de nossos dias. Dois pontos, todavia, poderiam ser aprofundados. Primeiro, na sua forma atual, fixando o drama moral do negro de um ângulo meramente subjetivo, ela não transcende nem mesmo radicaliza o grau de "consciência da situação" inerente às manifestações iletradas do *protesto negro*. É certo que ela expõe as coisas de maneira mais grandiosa, chocante e pungente. Diante dela, até os relutantes ou os indiferentes terão de abrir os olhos e o coração: há torpezas sem nome por detrás dos iníquos padrões de convivência que regulam a integração do negro à ordem social vigente. No entanto, essa mesma poesia se mostra incapaz de sublimar atitudes, compulsões e aspirações inconformistas, que a poderiam converter numa rebelião ativa, voltada para o processo de redenção social do negro. Segundo, ela se divorcia, de modo singular, dos mores das populações negras brasileiras. Por enquanto, a poesia que serve de veículo ao *protesto negro* não se vincula, nem formal nem materialmente, ao mundo de valores ou ao clima poético das culturas negras do Brasil.

As duas constatações possuem amplo interesse. Elas não pressupõem nenhuma sorte de restrição ao nosso poeta ou ao tipo de poesia que se procura cultivar com vistas ao drama humano do negro. Mas revelam de forma expressiva o poder de condicionamento externo da obra de arte. Se o "meio negro brasileiro" tivesse um mínimo de integração, os dilemas morais descritos poderiam ser focalizados à luz de experiências coletivas autônomas. Existiriam conceitos e categorias de pensamento que permitiriam apreender a realidade sem nenhuma mediação ou alienação, através de sentimentos, percepções e explicações estritamente calcadas nos modos de sentir, de pensar e de agir dos próprios negros. Na medida em que o negro, como grupo ou "minoria racial", não dispõe de elementos para criar uma imagem coerente de si mesmo, vê-se na contingência de ser entendido e explicado pela contraimagem que dele faz o branco. Mesmo um poeta negro do estofo de Oswaldo de Camargo não escapa a esse impasse, de enorme importância histórica: até onde ele perdurar, o negro permanecerá ausente, como força social consciente e organizada, da luta contra a atual situação de contato, sendo-lhe impossível concorrer eficazmente para a correção das injustiças sociais que ela encobre e legitima.

Já o segundo ponto tem mais que ver com a dinâmica da criação literária. Os padrões de produção artística e de gosto literário imperantes aboliram, largamente, o influxo contínuo e produtivo das heranças culturais de que foram portadores estoques étnicos ou raciais considerados como "inferiores". Ao aderir a tais padrões, o artista acaba sacrificando, sem o saber, riquezas potenciais insondáveis, algumas ligadas às suas energias pessoais, outras vinculadas à influência do ambiente social imediato. Um simples paralelo permitiria ilustrar claramente o que pretendo dizer. Tome como exemplo o futebol: em sucessivas gerações sempre contamos com alguns "magos da pelota" negros e através deles conseguimos enriquecer gradativamente a nossa "arte de jogar". Em grande parte, isso se deve à liberdade de expressão conferida ao jogador negro, que não encontra réplica na esfera da produção artística, sufocada por preconceitos de várias espécies — ou se elimina o concurso do negro e o aproveitamento de sua contribuição criadora, ou se estiola sua capacidade de renovação, submetendo-o a um processo de reeducação que o transforma, sem nenhum sarcasmo, em um escritor branco de pele preta. Embora não devamos levar o paralelo com o futebol longe demais, o que parece aconselhável seria uma reação positiva, pela qual o intelectual negro (e como ele qualquer intelectual identificado com determinada parcela da heterogênea *civilização brasileira*) repudiasse os freios que o isolassem do éthos de sua gente. Certas perdas culturais são irrecuperáveis; perdemos o poeta negro que recriava as tradições poéticas tribais. Todavia, precisaríamos perder também a própria faculdade do poeta negro de exprimir-se, através de sua poesia, como e enquanto "negro"? Se se desprendesse da tutela total do branco, é presumível que o escritor negro brasileiro estaria em condições de contribuir melhor para o enriquecimento da nossa literatura.

Um poeta da envergadura de Oswaldo de Camargo, se persistir em aperfeiçoar-se e em trabalhar duramente, poderá marcar com sua presença tanto os movimentos sociais e culturais do meio negro quanto a renovação de nossa poesia. O "grande homem de cor" torna-se, em si mesmo, cada vez menos importante em nossa sociedade. Em compensação, os frutos de sua contribuição pesam cada vez mais no fluxo da vida humana. Ninguém melhor que um poeta para revitalizar as aspirações igualitárias, um tanto adormecidas atualmente, que orientaram os grandes movimentos sociais negros da década de 1930. Ninguém melhor que um poeta para sugerir novos rumos no aproveitamento construtivo das energias intelectuais dos "talentos negros". Fala-se muito que vivemos numa era pouco propicia à poesia. Não obstante, o poeta conserva o fascinante prestígio que advém da magia da palavra, indissoluvelmente associada à linguagem e ao raciocínio poéticos. O seu exemplo não só se propaga, como também cala fundo. Isso é tão verdadeiro hoje como o foi no passado, embora muitos ignorem que não existe civilização sem poesia.

A questão está na qualidade da poesia. Em regra, o poeta negro brasileiro tende a entregar-se ao fascínio pela poesia de efeito dramático. A poesia de auditório, que adquire viço e arrebata os corações quando se atualiza através de um recital, com acompanhamento ao piano. Aqui e ali Oswaldo de Camargo fez concessões a esse tipo de poesia, enrijando-a com a substância crua da verdade e com sua admirável intuição poética. Malgrado o êxito invariável dessas composições, nas reuniões intelectuais das associações culturais negras, elas estão longe de justificar as preferências que merecem. Os caminhos que unem a redenção social do negro à emancipação intelectual do Brasil repousam sobre processos civilizatórios que reclamam uma poesia suscetível de inspirar e dirigir a ânsia de aperfeiçoamento contínuo do homem. Ela transparece em muitos versos e em alguns poemas de Oswaldo de Camargo, principalmente naqueles em que o *protesto negro* encontra eco mais sentido e profundo. Se ela se tornará mais participante e militante, ou não, é impossível prever. Tudo depende do interesse que o poeta tiver pelos problemas humanos de sua gente e do sentido que imprimir, em função disso, às suas atividades criadoras. De minha parte, gostaria imenso que ele completasse o círculo de sua evolução intelectual, arrostando os ângulos inexplorados do protesto negro e libertando-se de influxos que ainda retêm suas produções poéticas no limiar das experiências humanas do negro brasileiro.

Carta a Florestan Fernandes

Meu caro professor,

Atrevo-me a lhe escrever, depois de tanto tempo sem dar notícias.

Como verá com a leitura desta, venho recorrer a sua pessoa para lidar com algumas perplexidades que me estão cercando neste momento como brasileiro e, infelizmente, como negro.

O senhor se lembra de mim?

Peço, respeitosamente, que se situe: Associação Cultural do Negro, 1955, por aí. Eu não sabia nada a respeito do senhor, eu tinha dezenove anos e era recém-saído de um seminário católico, no interior de São Paulo.

Na Associação, eu escutava comentários em que se podia perceber certa vaidade, mesmo orgulho, a respeito de sua presença: o professor Florestan veio...

Daí, fui recolhendo cada vez mais conhecimento a seu respeito e me convencendo de que sua pessoa estava em um caminho sem volta em nosso meio. Acredito que o professor sabia disso. E, a respeito de gente como o senhor, que, neste país, decidira atuar quase que religiosamente a nosso favor (gostou do religiosamente?), aproveitando a ocasião que aqui me aparece, permita que lembre caso similar ao seu, o do mestre Roger Bastide, seu amigo, que cheguei a visitar quando de uma passagem dele aqui na capital.

Eu soubera que ele estava hospedado em um hotel no Centro Velho. A notícia entusiasmou-me. Fui até lá. Lembro-me ainda do nome do hotel, o dia, o mês, o ano: Hotel Ca'd'Oro, 17 de agosto de 1973.

Recebeu-me com muito contentamento, conversamos um pouco, autografou-me seu livro *Estudos afro-brasileiros*. Seu autógrafo me deixou demais vaidoso, alentou-me para continuação, por pelo menos uns cem anos, no esforço de seguir lidando com a questão negra neste país. "Chantre da Negritude", escreveu ele. "Chantre da Negritude" com a admiração e a homenagem do autor. Generoso, como o senhor, professor.

Mas, voltando à Associação, não sei imaginar como o professor era avaliado por outros que ali frequentavam, mas eu, quando o via em alguns eventos comemorativos de figuras negras notáveis, como a Noite Cruz e Sousa, Noite Luiz Gama e tantas outras, ficava impressionado com seu jeito modesto, rosto de pessoa mansa, tendendo sempre a inclinar-se para ouvir gente pequena como era eu e continuo sendo.

Professor, eu estava envolto, naquele meio e naquele ano, 1961, quando escreveu meu prefácio, de uma luminosidade intelectual impossível de ser reencontrada. Religioso que sou — o professor sabe disso —, há poucos meses apareceu-me de repente a ideia de agradecer a Deus, todas as manhãs, os momentos luminosos que tive desde os meus seis anos. Foram muitos. Devo ter falado a respeito naquela tarde em que estive em sua casa (sim, uma tarde, rua Nebraska, no Brooklin... Correto, professor?). Levava meus textos dos 15 *poemas negros* para o professor prefaciar.

Contei-lhe de minha orfandade, aos sete anos, de meu internamento no Preventório Imaculada Conceição, casa de recolhimento em Bragança Paulista para filhos de tuberculosos pobres. Falei-lhe de quando fui apresentado à viscondessa da Cunha Bueno, idealizadora do internato e última mulher que recebeu título de nobreza de d. Pedro II antes de seguir para o exílio. Devo ter falado também do regime estreito para dirigir crianças, paupérrimas todas, rumo a se tornarem adultas após serem protegidas contra as garras da doença que ainda era chamada por muitos de "peste branca".

Éramos umas 120 crianças, muitas — animadas pelas freiras que dirigiam a instituição —, em esforço sem trégua para a conquista da santidade (!). (Quem sabe hoje o que é santidade, professor?) Queriam-nos na imitação de alguns meninos falecidos em "odor de santidade" (era assim que se dizia naquele tempo de pessoas que tinham alcançado a beatitude), um deles o Antoninho da Rocha Marmo, de São Paulo, outro, o francesinho Guy de Fontgalland. Do Antoninho, já saído da adolescência, fui atrás da biografia. Raro livrinho, adquiri-o e está entre os meus como testemunha daquela fase decisiva de minha vida. Ninguém mais fala do Antoninho, nem do Guy, professor. (Desviei-me do que é importante nesta carta, procurarei achar o fio.)

Então, sem mãe, eu ansiava ser amado pelas freiras. Eu lhe contei que, na imitação desses dois meninos, chegava a dormir sem travesseiro, para mortificar-me, ou punha, vez ou outra, pedrinhas no sapato... Lembro que o professor sorriu e eu fiquei um tanto encabulado. Como deduzo do seu prefácio, o professor não se esqueceu dessa reminiscência recolhida daqueles anos de minha vida.

Tem lembrança, professor, do Eduardo de Oliveira, assíduo na Associação?

Então; ele havia lançado naquele ano, 1958, seu livro de estreia, *Além do pó*, com prefácio do Afonso Schmidt. Era o primeiro poeta negro de que eu via um livro editado. Eduardo adentrara em um mundo que me fascinava, o mundo do autor publicado. *Um homem tenta ser anjo*, que o professor cita várias vezes no seu prefácio, nasce desse momento, de meu desejo de entrar nesse universo. Mas *15 poemas negros* já tem as marcas do que eu captava da alma da Associação, de onde saiu meu poema mais declamado na época, "Grito de angústia":

Eu conheço um grito de angústia,
e eu posso escrever este grito de angústia [...]

Nas tertúlias literárias comemorativas, comuns na Associação, depois do "Sou negro", do Solano

Trindade, e "Protesto", do Carlos de Assumpção, não podia faltar o meu "Grito de angústia". O professor se lembra de como era, estou certo de que se lembra. Confesso: por muito tempo achei horrível este "Sou um negro, Senhor, sou um...", que é o final dele, mas hoje parece que ganhou direito de fala, pois continua duro ser negro, professor.

O senhor escreveu que ao ler e reler *Um homem tenta ser anjo* e algumas outras poesias minhas chegou à conclusão de que eu era essencialmente um poeta e rematando: "O fato de ser negro tem tanta importância quanto outras circunstâncias (como a de ser brasileiro, católico marcado por *experiências místicas* singulares etc.)" (o grifo em "experiências místicas" é acréscimo meu). E seguiu: "O que conta, em sua obra, é a poesia".

Professor, agora sou eu quem sorri, para lhe dar uma nota: 10, professor! O senhor tem inteira razão quando sublinha: negro, brasileiro, católico. 10! Negro, em primeiro lugar.

Entrando no sentido dessa sua afirmação, volto ao que já lhe falei: para nós, negros, as coisas continuam bastante difíceis. Só nós sentimos — como o professor percebeu —, e como!

Quanto a brasileiro, sei de muita gente que gostaria de não ser mais. Anda por aqui muita vergonha e desalento. E católico... Se me permite, resumo como me vejo e grande número de negros se vê também, citando um verso que retoquei de *Um homem tenta ser anjo*: "Mas minh'alma mostrou-se inesperadamente e fulgiu sobre o negror do meu corpo...".

É do meu poema "Discurso", página 133 da edição que o professor releu antes de me prefaciar. Muita gente deseja que nossa alma não se mostre. Torce para que isso não aconteça. Mas, para um negro, é essencial mostrar sua alma.

Quando conheci o senhor na Associação, existia um sonho, refugiado sobretudo no coração de alguns mais antigos em nossa comunidade, entre eles seus amigos José Correia Leite, o Jayme Aguiar, o Henrique Cunha, um sonho que passava primeiramente pela conquista de algo muito simples como o Respeito. Depois de conquistado o Respeito — eles acreditavam —, os caminhos da pátria se alargariam com mais facilidade para o trânsito da Igualdade. Mas veja, professor: está aí inteira e saudável a Igualdade? Tem gente que vê Igualdade como um bicho-papão. Por que não ver como um espaço de festa? A festa que poderia ser a mais longa de nossa história. Concorda comigo, professor?

Quando escrevo que "minh'alma mostrou-se inesperadamente", confirma-se aí o misticismo a que o professor se refere no seu prefácio. Inesperadamente! Estou miseravelmente encostado no socorro de Deus, mas acho injusto obrigar que todos, para suportar preconceito ou racismo, vejam como única saída o socorro de Deus. Não sei se o professor está me entendendo; desconfio que o professor não acredita...

Logo que, a caminho de casa, entrei no ônibus com seu prefácio, pus-me, com sofreguidão, a lê-lo.

Estonteou-me o início dele: "Ignoro as razões que levaram Oswaldo de Camargo a dar-me o privilégio de prefaciar a presente coletânea de poemas".

Privilégio, professor? Privilégio?

Li-o, tremendo.

Só naquele momento espantou-me a minha ousadia. E a sua coragem, professor, em ter aceitado. Eu tinha 24 anos. Jovem autor preto procurando caminho, expondo aos frequentadores da Associação, quase todos negros e negras muito sofridos, o meu sentimento dolorido diante de minha condição: *Eu conheço um grito de angústia!*

Depois, já mais avançado na leitura, um bofetão com ruído na cara da questão que tanto me empolgava: "O produtor de arte negro é, em si mesmo (isto é, independentemente da qualidade e da significação de sua poesia ou seja lá o que for), uma aberração de todas as normas e uma transgressão à rotina, num mundo organizado por e para os brancos".

Passado tanto tempo (lembro, professor, que já me desculpei por só agora lhe estar escrevendo), venho dizer que essa sua afirmação alterou o rumo de minha tentativa de arrancada rumo à literatura, essa que hoje estamos chamando de literatura negra. Aceitei-me como aberração. Eu já desconfiava...

Talvez não lhe tenha falado que os *15 poemas* foram compostos e impressos nas Oficinas Gráficas da Editora Cupolo Ltda., na rua do Seminário, 187, em

São Paulo. A mesma de que saiu a primeira edição de *Macunaíma* do Mário de Andrade.

De repente, uma surpresa: eu tinha direito a umas dez páginas além das que constavam no livro pronto para ser impresso.

Então, a pergunta do gerente da gráfica, que me atendia: "Tem algo com que possa preencher essas dez páginas?".

Professor, eu tinha. Não coloquei entre os *15 poemas*, para sua leitura, por destoar deles, pois era um poema em prosa; por ser tão íntimo; por ter sido escrito de um arranco, sem vigiar minha emoção; por ter sido inspirado por uma poetisa de minha maior admiração, a Hilda Hilst. Escrevi "Fragmentos em prosa" após ida ao apartamento dela, na alameda Jaú, num sábado, para correção de umas falhas de citação cometidas pelo Sérgio Milliet. Acontece que eu conhecia tudo da Hilda até aquela data. Algumas poesias eu sabia de cor. Fui consultá-la como revisor do *Estadão*, porém muito mais como leitor apaixonado dos livros dela, entre eles *Balada do festival*, de influência bastante forte em *Um homem tenta ser anjo*. Recebeu-me muito amável. Mas percebi, naquele momento, a distância de abismo entre o mundo dela e o meu. Isso talvez explique o conteúdo dolorido dos "Fragmentos em prosa", escritos num sábado à tarde, sem interrupção, no quarto de um sobrado velho e feio na alameda Nothmann, ali perto da Barão de Limeira: "Célebre na história de minh'alma é aquela tarde em que me sentei ao lado da moça loira…".

Não veja, se os ler, "moça loira" como tão só o corpo e o estar-aqui de uma mulher clara; veja também a... Europa. Alivia-me esta confidência a um mestre que em sua observação não se atém tão só a complexos, como já fizeram com o Cruz e Sousa, mas a um que — assim penso —, sobre todos os outros, conhece a implicação difícil de apreender que há em ser e se mostrar negro neste país com literatura.

"Fragmentos em prosa" estão inteiros após os *15 poemas*, como na edição de 1961. Pena que o professor não pôde ler antes, para comentar. Peço que me desculpe.

Professor, relendo alguns excertos ou poemas inteiros que o senhor comentou, gostaria de lhe contar ainda alguns acontecimentos.

Dois anos depois da publicação dos *15 poemas*, colocados na Série Cultura Negra, nº 3, da Associação, casei-me. Talvez a única moça com que eu poderia ter casado na época: Florenice das Neves Nascimento. Negra, baiana de Salvador, o pai, morto desde anos quando a conheci, era frequente no terreiro da Mãe Menininha do Gantois; a mãe, distante do candomblé. Mais religiosa do que eu, com várias tentativas de entrar num Carmelo para ser freira. Não passou desse sonho. Resumindo: uma história de frustração e dor somada a tantas outras que jamais serão lembradas, como faço nesta carta. Neste Brasil, se escândalos raciais de preconceito e menosprezo desde séculos, mesmo em igrejas e ordens religiosas, se pusessem a gritar, o país ficaria surdo! Conheço bem isso.

Por isso, do jeito que vejo, seu prefácio é tão importante. O professor aponta, lúcido, agudo, a frustração, dor e humilhação que aparecem em bom número dos 15. Louvo a escolha de um excerto de "Grito de angústia", que espantosamente continua sendo lido. Não lamentaria se fosse esquecido. Mas me permita transcrever dele o excerto que o professor menciona:

Eu conheço um grito de angústia,
e eu posso escrever este grito de angústia,
e eu posso berrar este grito de angústia;
quer ouvir?
"Sou um negro, Senhor, sou um... negro!"

Muito triste, professor.

Em Campinas, aonde fui certa vez para ser julgador em um concurso de beleza de moças negras, me apareceu uma preta muito simpática, de uns sessenta anos, sobraçando um livrinho em que estava "Grito de angústia": "Leio sempre. Muitas vezes à noite!", me disse ela.

Desconfio que esse poema fala ainda hoje; gostaria que não falasse, gostaria.

Professor, leia "Fragmentos em prosa".

Quero homenageá-lo, trazendo para o leitor de hoje o seu prefácio.

De seu amigo e admirador sempre grato,

Oswaldo de Camargo
2022

15 POEMAS NEGROS

(1961)

Canção amarga

Eu venho vindo, ainda não cheguei...
Mas vive aqui meu velho pensamento,
que se adiantou, enquanto demorei...

Na mornidão de um solo bem crestado
(é o território estreito de meu corpo),
eu venho vindo, sim, mas não cheguei...
Pois, rasgo a minha sorte, ponho a vida
sobre esta aguda lápide de abismo;
um dia nesta pedra enterrarei
a minha carne inchada de egoísmo...
Eu venho vindo, ainda não cheguei...

Recolho o pensamento e me debruço
nesta contemplação, assim me largo...
E, preso ao ser que sou, soluço e babo
na terra preta de meu corpo amargo...
Porém na hora exata cantarei...
Eu venho vindo, ainda não cheguei...

Meu grito

Para Ednardo Pinheiro (*in memoriam*)

Meu grito é o estertor de um rio convulso...
Do Nilo, ah, do Nilo é o meu grito...
E o que me dói é fruto das raízes,
ai cruas cicatrizes!,
das bruscas florestas da terra africana!

Meu grito é um espasmo que me esmaga,
há um punhal vibrando em mim, rasgando
meu pobre coração que hesita
entre erguer ou calar a voz aflita:
Ó África! Ó África!

Meu grito é sem cor, é um grito seco,
é verdadeiro e triste...
Meu Deus, por que é que existo sem mensagem,
a não ser essa voz que me constrange,
sem eco, sem lineios, desabrida?
Senhor! Jesus! Cristo!
Por que é que grito?

A manhã

Para Jacira Sampaio (in memoriam)

Vê:
A manhã se espalha nos quintais, alegra-se a cidade
[e há cantigas
no ar...
Tenho em meus gestos um rebanho inteiro
de atitudes brancas, sem sentido,
que não sabem falar...

Eu penso que a manhã não interpreta bem
a superfície escura desta pele,
que pássaro nela vai pousar?

Ai da tristeza de meu corpo, ai,
o pássaro conhece a manhã,
e sabe que é branca a manhã,
mas não ousa enterrar-se de novo
na noite...
A manhã se espalha nos quintais
e a flauta matutina do pastor
faz desenhos no ar...

Eu, no entanto, permaneço ao lado
da manhã e das cantigas...
A noite, a grande noite está pousada em mim
escandalosamente!

O saudoso guardador de reses

Bem sei que o moço corpo nesta sala
é parte de objetos: mesa, vaso,
cadeiras e a estante de verniz...
E a cidade cerca o voo fundo
do pensamento livre destes ciscos
Às vezes largo a pressa e o olho baço
percorre a extensão da pele enxuta,
e julgo ali rever o amado sítio
hoje pousado sobre relembranças...
Nas tardes, se vou só, prossigo a luta
para o retorno àquele tempo, idade
inusitada em terras desse nunca-
-mais. Contudo em minha pele
tento criar, há muito tempo, um boi...
Bem sei que o moço corpo nesta sala
é parte de objetos: mesa, vaso,
cadeiras e a estante de verniz...
Porém, vos digo: o gado me persegue
até agora e eu cheiro o seu estrume,
só o detêm aqui os edifícios,
que os homens erguem contra o bucolismo...
À noite, durmo um nada, suportando
berros de cabras no palheiro d'alma...

Relembrança

Era uma vez no meu caminho...
Por andanças cheguei à terra fértil
de lírios sobre estercos, cabras
saltando na pastura, então pousei
minha sentida mágoa sobre os ramos
de um bosque, e assim eu o verguei...
Braços levados para o ar da tarde,
senti no peito a vã desesperança
daquela cena: eu, o pobre rei,
tecendo madrigais com velhos ecos
de longínquas canções de algum pastor...
Era uma vez no meu caminho...
Deslembrado de mim, me recordei:
folha no chão, estrume, antigo som
de fonte e sobre a preta face
essa tristeza que sempre haverei...

A modo de súplica

Pelo amor das lindas horas
em que sonhais só co'o amor,
parai um pouco, senhoras,
somos os homens de cor,
que vêm tecendo coroas
de tristezas pela estrada...
Voltamos de muitas noites,
há noite dentro de nós,
pelo amor dos que vos amam,
escutai a nossa voz!
Lamentos em nosso peito
são tufos de tristes flores,
as paisagens que fitamos
foram gravadas com dores
na pele do escuro mundo.
Pelo amor das lindas horas
em que falais só de amor,
parai um pouco, senhoras,
somos os homens de cor,
sonhadores e humildes,
pobres, pobres, muito pobres,
não havemos nenhum perigo
de vos deixar com paixão,

mas nosso peito estremece
de mui sentida emoção...
Pelo amor das lindas horas
em que lembrais vosso amor,
parai um pouco, senhoras,
somos os homens de cor,
que vêm tecendo coroas
de tristezas pela estrada...
Encontramos a esperança
toda em pranto debulhada...
E nos perdemos na noite,
não achamos a alvorada;
queremos subir na vida,
não encontramos a escada...
E estamos diante de vós,
pranteando o não sermos nada...

Pergunta

Quem vos disse, senhores, que pareço
em desespero com qualquer rapaz?
Se me amargo a contemplar-me, sou
a luta entre o ser nada e o ser demais...
Tive em meu rosto só feições tranquilas,
antigamente serenei, deitado,
sob os salgueiros de quieta vila...
Nem sempre sou a vida que proponho...
O que, porém, me faz desesperado
são os maus-tratos ao meu pobre sonho!

Profundamente

Profundamente em mim uma lâmina se enterra...
Se enterra e não vale recuo, nem o meu grito breve
às horas rubras desta tarde de hoje...
Não vale o meu grito, nem recuo para salvar minh'alma
da região que fica ao leste do meu sonho
e ao sul da minha angústia e é nevoenta e silenciosa
e nela há um rio tão fundo chamado Nunca-Mais...

Dolorosamente me arrisco a lançar-me da rocha desta serra,
cair de testa no chão e assustar os mortais;
não sei se conseguirá voar a minh'alma leve,
leve e infantil e, às vezes, de amor suspirosa...
Ah, saber a que vou, Virgem Maria, eu vou, Je-
sus à palidez mediana de um país medonho!
Já não sei que fazer para alegrar minh'alma!
E é preciso sofrer para salvar meu sonho!

4 sequências

I

Mas, eis que um dia ergui o pensamento
como um pilar da terra até o céu...
Os anjos silenciaram no momento
em que cheguei, cumprimentando Deus...

E minhas pobres asas que o relento
manchara (foram feitas de papel),
ruflaram brancamente e um puro vento
dormiu tranquilo sobre os lábios meus...

E caminhei sereno rumo ao trono
do Excelso, e pude examinar as aras,
onde depus meu corpo já sem dono...

Cantei uma balada a são Francisco,
que, agradecido, me açoitou com varas,
fez-me pequeno, o mínimo, um cisco...

II

Fez-me pequeno, o mínimo, um cisco
a evidência de que eu pouco era
para o amor e hoje não me arrisco
usar o corpo ao modo que eu quisera...

Sou preso à esperança, triste, risco
rotas de luz no dentro-em-mim, a fera
que me tornei num campo largo e prisco
há de reler as frases que eu pusera

como um anúncio sobre a escura pele...
Uso meu corpo em certas noites, mas
por minha placidez quem há que zele?

— Ninguém. E há tempo eu sofro-me neste ermo.
Às vezes em mim firmo estranha paz
e vou dormir o sono de um estafermo...

III

E vou dormir o sono de um estafermo
envergonhado (ó rosto preto e magro!).
Não sei meu rumo nesta rude terra,
nem sei a que destino me consagro...

Meu coração... ah, píncaros na bruma,
ah, verdes veigas, ah, memórias do agro!
Morre meu coração, trago-o na salva,
rubro, desta donzela em prantos, trago-o!

Sei que gestos me ferem, meus cabelos
sofrem podares sob a noite, quem
(olho meu corpo sob a pele e pelos)

rouba o que sou em coisas, me esvazia
do que tenho ou de o que penso tem?
Meu pensamento é uma nuvem fria...

IV

Meu pensamento é uma nuvem fria
ou rubra tocha sobre o chão que piso...
Às vezes, contemplando-me, diviso
o tudo errado que eu jamais seria...

Certo é que herdei da tarde que se ardia
dentro em meu pai o ardor e o corpo liso,
onde a luxúria pousa a doentia
esp'rança de ser eu teu paraíso...

Uso meu corpo em certas noites, mas
ergo até Deus meu grito e volto à tona
d'alma intranquila e torno-me capaz

de ver (não por amor a gestos feios),
na noite, nua, aquela que é mais dona
de mim que de seus altos ambos seios...

Ronda

Restos de mim eu deixo pelas ruas;
infelizmente me gastando vou...
numa esquina qualquer muitas mortes me esperam,
e eu espero também qualquer morte que venha.

Ando, fito meus pés, rotos, magros, mas ando,
e ouço ecos futuros do meu esqueleto...
Paro. Muita gente me espia; isso importa?
Olho com olho baço a mocinha que ri.

Afinal, que fiz eu para tornar-me palhaço?
Eu sou bem expressão de sofrimento enorme;
hoje é dia de ronda inventada por mim,
vagarei silencioso ante os olhos da plebe.

Rude, em minhas mãos eu seguro um poema,
um soneto infeliz, bem rimado, é verdade;
mas faltou expressão para livrar-me do tédio
e assim eu seguro um soneto-bobagem.

Ah! que medi muito mal a distância da vida,
e julgara comigo: "hei de ir muito longe",
mas tombou sobre mim uma idade imprecisa
e eu invejo agora o menino que fui.

Eu invejo agora o menino que fui,
leve, andando nas pedras de tantas montanhas;
e, porque me tornei tristemente um homem,
para breve serei uma sombra, só sombra.

Muitos restos de mim larguei já pelas ruas;
infelizmente me gastando vou...
numa esquina qualquer muitas mortes me esperam,
e eu espero também qualquer morte que venha...

Grito de angústia

À memória de meu pai

Dê-me a mão.
Meu coração pode mover o mundo
com uma pulsação...
Eu tenho dentro em mim anseio e glória
que roubaram a meus pais.
Meu coração pode mover o mundo,
porque é o mesmo coração dos congos,
bantos e outros desgraçados,
é o mesmo.

É o mesmo coração dos que são cinzas
e dormem debaixo da Capela dos Enforcados...
é o coração da mucama
e do moleque;
e eu sei muitas canções de ninar gente branca,
sei histórias,
todas feitas à sombra das palmeiras,
ou nas margens do Nilo...

Eu conheço um grito de angústia,
trovejante,
que deve estarrecer todas as minhas amantes
que tenho decerto...

Eu conheço um grito de angústia,
e eu posso escrever este grito de angústia,
e eu posso berrar este grito de angústia;
quer ouvir?
"Sou um negro, Senhor, sou um... negro!"

Fragmentos em prosa

Para Sérgio Milliet (in memoriam)

I

Célebre na história de minh'alma é aquela tarde em que
        [me sentei ao lado da moça loira...
Por descuido sentei-me ali...
Por descuido, pois, trajada de cinza, minh'alma se
      [atrapalhava entre gestos indecisos e minha fala
          [mostrava-se idiota...
A moça loira olhou-me de baixo para cima:
"És uma palmeira calcinada", pensaria?
Mas fora eu lá por desconhecimento até meu...
Qualquer motivo, que no momento olvidei ou largara
      [no chão e ora pisava num sapateado grave que
        [ecoava sim no meu-dentro, era motivo...
Tristeza minha!
A moça loira não sabia dizer-se...
Não sabia eu dizer-me...
Mas a distância entre nós falava e acusou-me de turvo
        [demais para a muito loira.
Mas eu queria o quê?
Sabia eu?

II

A moça loira e eu palmilhávamos a distância entre
[nossos corpos.
Minha tez negra era (parece) a floresta escura que ela
[temia atravessar...
Muita tristeza se espalhara, descuidada, sobre meu
[rosto fino.
Ela olhava-me, temia...
Oh, se eu me soubesse assim, lá não iria!
Seus dedos apalpavam o ar, procurando vestígios de
[drama.
Meu rosto entristecera totalmente já.
O vale escuro que a loira temia atravessar era meu
[rosto.
Temia que houvesse fossos que a fizessem cair em
[meu coração...
E daí? E se caísse?
Minh'alma esperava entre as pálpebras que me
[pertencem...
E todos os meus anseios brincavam nas pontas de
[meus dedos, afiavam as unhas
[de minha paixão menina.
Miséria!
Gesticulei-me inteiro na poltrona; ela olhava-me.
Engoli o cuspo rubro do sangue que haveria da
[matança do preconceito; a moça olhava-me...
Roubei cheiros de rosas do vaso esguio sobre a mesa,
[arrombei meu pensamento encerrado
[no quarto (nesse momento com a loira).

Ai de mim!
Comi pedaços de cérebro que seriam servidos em
[nossa altercação provável...
Despejei no jardim minha amargura incrível.

III

Degringolei-me, no instante seguinte, da escada que
[era eu mesmo...
Por julgamento compatível com minha aparência
[serena, até austera, eu me via magnífico; por isso,
[em torno a mim evolava-se o incenso do turíbulo
[que minhas quedas balançavam...
As lanternas que eu acendera nos meus esconsos já se
[haviam apagado.
Lembrei-me de um lírio que eu tinha visto na
[infância, e o medo aproximou-se então de
[minha garganta.
Degringolei-me mais e barulhentamente...
Cacos do eu desagregado rasgaram, finos e hiantes,
[o tapete verde no chão, que a moça loira também
[olhava, agora muito distraída.
Entre meus dentes estertorava a última canção de
[minha vida.
Lembrei-me, então, de outrora; revi:
No presídio onde eu enforcara uns feios pensamentos
[perante donzelas, frio brutamontes tentava
[estrangular uma prece velhinha.

Beijei as louvações que subiam a Deus, mas,
[transviadas, passavam no meio do
[apartamento da moça.
Eu pensava no à toa da presença de dois.
Era necessário o só para que o domínio do esquisito
[fosse completo e eu, um homem, conseguisse imitar
[a fera...
Uma gota de lágrima caiu sobre a colina de meu nariz.
Ai de mim!
A moça loira media a distância do bosque escuro que
[era eu, mas não ousava...

IV

Então sondei o apartamento de um modo estranho
[e coerente.
Queria saber o que nos distanciava, queria!
Algumas facas, cujos gumes riam brancos e polidos,
[exercitavam em meu pensamento o ritual
[do meu suicídio.
Aquilo ameaçava minha segurança, conseguida
[dolorosamente, mas, que fazer para libertar-me?
Uma angústia sentou-se em minha língua e pediu que
[eu a mastigasse...
Triturei-a de um golpe, com todos os dentes, e todas
[as pontes pousadas na paisagem que era minha boca
[ruíram espetacularmente debaixo do rubro céu...
Vermelho era meu pensamento, que imaginava como
[a moça loira me desdenhava...

E eu já exercitava desesperos futuros, pois sabia que
[chegariam.

V

E o desespero, então, aproximou-se.
Sentou-se no tapete verde e pousou sobre meu
[coração um alforje de pensamentos arcaicos.
E minhas mãos não podiam alcançar as da loira
[(anoitecera) e ela não era tão loira quanto eu
[desejara.
Minha jovem vida lacrimava.
Por descuido, por descuido, sentei-me ali e via-me
[soldado ao desprezo dela, que não me sabia nunca,
[não queria me conhecer.
Um piano assistira ao nosso constrangimento desde
[o começo.
— Tocas piano? — perguntou a muito flava.
— Posso um tanto.
Levantei-me.

VI

Minhas mãos no piano construíram alguns sons, bem
[rápidos.
Tentei dissonâncias, mas me cativava a moça loira,
[que agora sorria graciosa demais.
Hoje não deslembro aquela tarde.
Da sala onde nos achávamos não se podia ver o céu,
[mas acho que nós víamos sim.

Nascêramos para o sublime; ela, poetisa, eu, rapaz
[com grande tendência para ser homem,
[no coração, um grande amor.
Aliás, minto, que a minha nítida procura era voar aos
[azuis picos além, muito além da paisagem que eu
[regava diariamente com lágrimas.
Mas no piano passeavam minhas mãos.
Acariciavam gumes de Fá e Sol juntos, depois Sol e Si;
[adiante!
Adiante!?
Também, um negro rapaz como eu, sem piano, com
[uma coleção completa de suítes de Bach e de
[Haendel e inúmeras sonatas à espera na estante,
[onde mandar os dedos pastar entre sons?

VII

Mas, à noite, recuado do muro que me afastara da
[flava, sonhei com dulcíssimas presenças.
Meus pais saíram silenciosamente de meu coração e
[pararam ante meus olhos, amornados por
[desalentos.
Flores com feitio de ruídos de beijos abriram-se
[dentro em mim.
Doía-me o pensamento, doía-me a memória, e os fios
[de meus cabelos puxavam, nas encostas do sonho
[meu, carros pejados de mágoas,
[de agonias avantajadas.

Minha negra epiderme, envergonhada, bem quisera
[esconder-se dos lençóis alvíssimos, e meus gestos
[flutuavam pesarosos sobre o acontecimento
[da tarde esvaída.
O Saara, que meu bisavô conhecera em pequeno,
[ofereceu-se para bebericar-me as lágrimas
[possíveis, e eu tentei dormir sobre ripas de
[tristuras, grossas angústias e sabidas misérias
[profundíssimas.
Eu ardia qual círio em procissão de virgens, tanto o
[ardor por elas.
Mas o vento barulhou na janela e dançou e lançou-me
[à preta fronte areia e pó e pólen
[trazidos de suas andanças.
E com o pólen e pó e areia senti seu aéreo hálito e lhe
[ouvi a voz sarcástica:
"És como a noite: negro e pavoroso!"
E eu, ferido demais pelo desalento, adormeci abraçado
[à tristeza de mim.

VIII

Sei que nas vias da Angústia já prossigo.
Mesmo o anúncio que preguei sobre meu coração:
["Ama", mãos de não-pode-ser arrancaram-no
[magistralmente.
Se interpreto, de Bach, as "Invenções a três vozes",
[dizem: "não pode ser..."

Se arregimento as suítes de Haendel para me
[berçarem as angústias, dizem:
["oh, não pode ser!"
E Biber, o meu querido Heinrich Ignaz Franz von
[Biber, por que não pode ser?
Se gosto de Pergolesi e de Tartini e até os amo no imo
[de mim, dizem: "não, não pode ser!"
Por que não pode ser?
Vias de angústias! Vias de angústias!
Manso animal, em meus olhos boia a quietude de
[quem não sabe como se revoltará.
Então, quando a solidão me sussurra n'alma a
[meditação altíssima das nuvens e dos píncaros
[azulados, saio, animal ferido, a vagar pelos
[campos, onde, dolorosamente, enlaço-me à
[cintura víride e flébil das varas soluçantes...
Sou o perdido num vale úmido, à tarde, mas, com um
[pouco de esforço, vejo ainda o sol, vejo ainda o sol!

IX

E chego, passo a passo, ao ermo estreito onde caibo
[eu só.
Minha paisagem de dentro molhou-se de lágrimas
[muitas e eu contemplo esses lugares, sem ligação
[com o que me anda em torno.
Que farei de meu afeto, de minhas finas mãos e o
[largo gesto tão justo para o abraço?

Ah, decerto voltarei ao peito fundo da noite-mãe e lá
[serei a mágoa, o pranto, a queixa demais velha para
[que a percebam...
No entanto eu era limpo, sadio, inteligente...
Eu poderia conduzir crianças a paragens brancas sob
[um sol estrangeiro; todas me compreenderiam.
No entanto...
Não sei que dor se espalha em meus recantos, não sei
[que droga me inoculei e me dá ânsias de ser,
[atira-me, brande-me, luta-me contra mim. Não sei
[que droga me inoculei, que me galopa no sangue,
[faz-me meditar a negra epiderme... mas, que
[importa a epiderme?

x

Célebre na história de minh'alma é aquela tarde em
[que me sentei ao lado da moça loira...

São Paulo, 15 de agosto de 1959

MAIS 15
(1984-2017)

Atitude

Ao Cuti (Luiz Silva)
(Procurando o tom do jovem Antônio de Castro Alves, 1847-71.)

Eu tenho a alma e o peito descobertos
à sorte de ser homem, homem negro,
primeiro imitador da noite e seus mistérios.
Triste entre os mais tristes, útil
como um animal de rosto manso.
Muita agonia boia em meus olhos,
inspiro poesia ao vate branco:
"'Stamos em pleno mar..."
Estamos em plena angústia!

Angústia, o signo do espanto
pousado em nossa nuca!
Por isso, a rastro, ensaiamos
andanças desaprendidas,
calcando os pés na paisagem
escura, seca, estranha.
Não seja o vento barreira
à nossa ida à montanha...

Anoitecidos já dentro,
tentamos criar um riso,
não riso para o senhor,
não riso para a senhora,
mas negro riso que suje
a rósea boca da aurora
e espalhe-se pelo mundo
sem arremedo ou moldagem
e force os lábios tão finos
da senhorita Igualdade!

Estamos com a cara preta
rasgando a treva e a paisagem
minada de precipícios
velhos, jamais arredados!

Enforcaram-nos, irmãos,
com os laços de mil enganos!

Despidos, as mãos atadas,
nós fomos ver a cidade;
chegamos, então, sem chave,
sem prestante ferramenta,
nem madeira para escada...
A festa, vimos de longe,
sorvemos tragos de nada!

Falaram-nos da Esperança...
Perguntamos: é casada,
o que come, com quem dorme,

conhece a face de um negro?
E, se conhece, então fica
com ele e, assim sendo, finca
alicerces de começos?
Falaram-nos da Esperança...
Chegamos com nossa escada,
a chave e a ligeireza
para atingir muitos cumes...
Abraçamo-nos à noite,
trajamos os seus negrumes,
esperamos a Esperança...
Mostrou-nos um rosto falso,
nas mãos... um futuro torto,
aleijado, de dar pena!

Então é chegado o tempo
do amanho, a poda e a safra
do trigo em nossa testa,
do grão estourando no peito.
Então é chegado o tempo
de torcer o mundo ao jeito
da semeadura que estale
e nasça em arroubo de força
e cubra os campos da terra
com os verdes do escuro peito!

Eu tenho a alma e o peito descobertos
à sorte de ser homem, homem negro,
primeiro imitador da noite e seus mistérios.

Triste entre os mais tristes, útil
como um animal de rosto manso.
Muita agonia boia em meus olhos,
inspiro poesia ao vate branco:
"'Stamos em pleno mar..."
Estamos em plena angústia!

"'Stamos em pleno mar..."
Estamos em plena angústia!

Oferenda

Para Iracema de Almeida (in memoriam)

Que farei do meu reino: um terreno
no peito,
onde pensei pôr minha África,
a dos meus avôs, a do meu povo de lá e que me deixam
[tão sozinho?
Como pensei falar à minha mamãe África
e oferecer-lhe, em meu peito, nesta noite turva,
os meus pertences de vento, sombra e relembrança,
o meu nascimento, a minha história e o meu
tropeço
que ela não sabe, nem viu, e eu sendo filho dela!
— Ó mamãe, minhas fraldas estão cheias de brancor,
e ele cheira tanto!
Às vezes penso, em minha solidão, na noite turva,
que você me está chamando com o tambor do vento;
abro a janela, olho a cidade, as luzes me trepidam
e eu perco o condão de te achar entre odores vários
e tanta dor de gente branca, preta, variada
gama e tessitura de almas, ânsias, medo!
Como sonhei falar, sozinho, à minha mamãe África

e oferecer-lhe, em meu peito, nesta noite turva,
os meus pertences de vento, sombra e relembrança,
o meu nascimento, a minha história e o meu tropeço,
que ela não sabe, nem viu, e eu sendo filho dela!

Festança

Ainda vamos embora, vamos embora,
viver na terra do Congo!
Vamos embora, malungo, vamos embora
batendo a palma no bumbo
do vento que nos ampara
nas duas hastes de sopro.
Vamos embora, sem nó
no pulso que só doía,
vamos embora, moendo
a cana que nos moía.
Vamos voltar para a terra
amada do nosso Congo!

Bandeiras, fogos, o estrondo
do jongo de encontro à lua;
vestida de brisa fina,
samba e ri a preta-mina.
Leocádia já nem sabe
se cabe na sua mão
a semente que lhe deram...
Hasteado o estandarte,
o negro come a extrema
fatia do antigo medo...

Miragem

De manhã quis ver o sol
cuspir moedas, já cedo,
forjadas com luz bem clara.
Preto saiu da neblina,
olhou o dia: — que nada!

Chegou tarde!?

Antigamente

Para Mary Apocalipse (in memoriam)

Canção

Como quem quer cantar, mas não canta,
como quem quer falar, mas se cala,
eu venho fazendo escala
no porto de muita mágoa.

Antigamente eu morria,
antigamente eu amava,
antigamente eu sabia
qual é o chão que resvala
se o passo da gente pesa.
Hoje que sou homem leve,
sem dinheiro, sem altura,
e tenho a boca entreaberta,
olhando o incêndio do mundo,
vejo a certeza mais certa:
eu estou cavando no fundo!

No fundo da ventania,
no fundo da tempestade,
no fundo do pão dormido,
no fundo de uma metade,
no fundo do desamor,
no fundo da noite longa,
meu bolso profundo abriga
o corpo de muita sombra!

Como quem quer cantar, mas não canta,
como quem quer falar, mas se cala,
eu venho fazendo escala
no porto de muita mágoa.

Tentei viajar-me longe,
sem vã bagagem, sem mala,
ficou-me junto do rosto
a parede de minha sala;
borrões de sombras antigas,
o relembrar pegajoso,
o meu sofrer de mim mesmo
e as vestes de umas cantigas.

Antigamente eu morria,
antigamente eu amava,
antigamente eu sabia
qual é o chão que resvala
se o passo da gente pesa.
Hoje que sou homem leve,
sem dinheiro, sem altura,

e tenho a boca entreaberta,
olhando o incêndio do mundo,
vejo a certeza mais certa:
eu cavo sempre no fundo!

Rua Rego Freitas, São Paulo, três da manhã

Disfarce

I

Outrora era mais fácil seguir os contornos do meu nome.
Desfilava os sons de suas sílabas entre os sulcos dos lábios.
Assim dizia Helena, assim Hilda, assim me urdiu naquela
noite a bruta angústia que me sugava a face. Assim me
escondi entre revelações que me cingiram e me beijaram. E
consegui dizer: não sou eu.
Assim falei o meu poema ao açougueiro, à puta, à açafata,
e a todos eu dizia: não sou eu.

Meu nome escorria nas esquinas, entre ventos secos e
carcomidos; a idade fungava, velha, dentro de minh'alma.

II

De repente era eu: um disfarce.
E não me percebiam nos becos da cidade, nem nas rugas
                          [da tarde envelhecida. Nem me
          [clamava o nome o vento-lâmina que agitou meus
                    [primeiros dias. Vi minha vida e senti:
                                            [nada perfeito.

Então deitei-me à sombra do Inverno. E, insone, dormi,
[à espera do sol.

III

Se o olho de Deus me pega, que respondo?
Como me atrairá: distendendo no ar o meu nome?
Enlaçando-me nele qual mortalha?
(Estou morto!)
Como me atrairá para acertar o que fiz do meu rastro,
[e do que eu poderia ser se eu fosse?
No entanto encho de cor o poema. E canto: sou um negro!
E amarro às ancas da História culpas e desperdícios...

IV

Obscuro, eu me fendia nas praças da cidade, cotejando-me
[com a clara nuvem. E a
[todos apontava minha face cedida ao Ocidente...
Entre os salgueiros da praça, entre eles, não podia deixar
[de pensar: um negro liga-se
[neste instante a Shakespeare. E entre as suítes de Bach
[eu sentia: um negro ante uma
[suíte, de Bach...
Viva minha face!, gritei, funda noite, quando já haviam
[falhado todos os raios do sol
[que eu esperara no Inverno. E Deus desanimara de
[reunir os pedaços do meu nome, pois

[eu era só: NEGRO. E minha mãe me escondera entre as
[meninas claras de seus olhos,
[pois eu era só: NEGRO. E ela, naquele tempo, não sabia...
Por isso sento-me à borda do mundo e fico a coçar meu
[casaco europeu, meu odor
[bichado de estar por tanto tempo em velhos frascos.
Eu me diviso à beira do mundo. E lambo o chão do
[Ocidente e penso: vou além?
Ninguém sabe que oscilo à beira do mundo. E, solitário,
[há muito vos contemplo.

O estranho

Olhai! A noite que chega,
borrando o vão da janela,
é bem conhecida minha.
Eu a carrego em baús
vazios de vossa herança
e eu a livro por vezes
berrando de desespero,
e minha mensagem viaja
montada no uivo do vento.
E vós dizeis, repousados,
se, a medo, vossas faianças
velais, arcados de tédio:
"São lamentos, só lamentos,
aprendizado do eito..."
Senhores, vós não sabeis
quem sou,
ah, não sabeis quem eu sou!
Mirai-me o rosto de cobre
combusto de sóis e ardumes,
notai-me o passo, eis que aturo
a estreiteza da senda
que vosso mundo traçou.
Vinde, provai do meu pão!

Abancai-vos a esta mesa,
se conheceis quem eu sou!
Assentai-vos, meus senhores,
provai do meu pão de fel,
repasto useiro em família.

No vosso rosto percebo
nojo do que vos oferto...
Mas o que é meu tributo
à vossa força e firmeza:
sal e fel e ausência bíblica
de uma "escada de Jacó"!
Senhores, vós não sabeis
quem sou,
não, não sabeis quem eu sou!
Olhai-me a face de cobre
combusta de sóis e ardumes,
notai-me o rastro, eis que meço
a estreiteza da senda
que vosso mundo traçou.
Vinde, provai do meu pão!
A noite, sentada à mesa,
é bem conhecida minha...
A angústia serve de ancila...
Eu vos convidei, senhores!
Provai, provai do meu pão!

À Senhora Aparecida*

Senhora Aparecida,
zelai pelo nosso enjoo!

Largamos nossos entoos
no ouvido de tanta gente,
narrando a sempre tristura
que é nossa vida mofina.
Fixamos a nossa sombra
no solo desta fazenda
e capinamos n'alvura
da moça manhã serena
que o sol nos oferecia.
Se noite larga e sem lume
pousava em nossa face,
sabíamos que vós, Senhora,
nos víeis, mesmo no escuro.
Senhora Aparecida,
zelai pelo nosso enjoo
de estar amarrado ao cabo

---

* Publicado originalmente com o título "Antífona" (*O estranho*, 1984). Reescrito em 17 de abril de 2017.

do aço imitando a lua,
zelai pelo nosso enjoo
de ver caminhos trancados
tão cedo aos nossos meninos!
Sei que o mugido do morro,
com sua corcova dura,
já prenuncia a tristeza
de um eito semeado à toa...
Sei que as águas do brejo
e as canas-rojões bailarinas
choram crueza que é o ato
de nos movermos tão outros
do que outrora cumprimos.
Senhora, o nosso cansaço
é um alçapão entreaberto!
Olhai os nossos meninos
descalços n'água da várzea,
crias de tempos danosos,
frutos do nosso cansaço!

Senhora Aparecida,
zelai pelo nosso enjoo!

Rumo

Às vezes ergo os olhos, interrogo
o seco céu sem urubu, sem nódoa
de nuvem, Deus,
que quereis?
Que eu me atropele
com minha própria sombra, que embranqueça
meu dorso e voe?

Lembro-me, sim, estive lá!

Dor no território negro!
Dor no território negro!

Os olhos, ao verem tanta noite,
abriram-se ao lume sem alento
da dúbia luz da herdade do senhor.
Lembro-me, estive lá: vi a ladainha
dos lábios, hesitante, despedir-se
com um *ora pro nobis*!,
e a reverência das velas rumo à sala,
brancas e retas, esguias, cavoucando
a hora escura.

Súbito um grito — ô! — cresceu depressa
ante as portas do ouvido, um "ô!" tão longo
para viver nos séculos.

Lembro-me, estive lá... ainda rouco,
adormece-me dentro e arfa
o contorno do grito desmaiado
antanho na memória.
Lembro-me, sim, estive lá!

Dor no território negro!
Dor no território negro!

Que farás?

É inútil, irmão, trancar esta cidade,
mesmo que tenhas a chave. Vê tua mão:
brando, o seco vento amansa
tua mão.
Que brandirás com tua mão, a foice
afiada pelo frio, o cepo
em que porias a cabeça do neto do teu dono
para te pedir perdão?
Grossa e visguenta, o que te move a língua
é ainda a noite;
e tua palavra soa a noite velha
acocorada entre imprecações.
Que farás de tua noite, meu irmão?
Mamarás os peitos dessa treva
que os brejos ofegam ou criarás
sobre a pele
um rebanho tranquilo
de antigos suores?
A quem oferecerás o teu suor, irmão?

É inútil repreender tua história,
mesmo tresler o livro;
todos sabem de tua ilharga, narinas, crespitude,

a cidade te encontraria, cega e bêbada,
palpando-te os flancos, o sexo, os dentes.

Que farás desta cidade, irmão?

Epigrama

A tranca que junto à boca
retinha meu grito rubro
só me esfolou a palavra
de suas vestes tranquilas.
pousando sobre meus lábios
um madrigal muito fresco.
A infanta ou princesinha,
sempre amiga, disse: Canta!
Entre alaúdes meu tom
deu mão às tuas sonatas
e relembrei teus motetos
trauteados ao som de um mijo.
Valeu a pena, meu branco,
navio negreiro, oceano...

Em maio

Já não há mais razão para chamar as lembranças
e mostrá-las ao povo
em maio.
Em maio sopram ventos desatados
por mãos de mando, turvam o sentido
do que sonhamos.
Em maio uma tal senhora Liberdade se alvoroça
e desce às praças das bocas entreabertas
e começa:
"Outrora, nas senzalas, os senhores..."
Mas a Liberdade que desce às praças
nos meados de maio,
pedindo rumores,
é uma senhora esquálida, seca, desvalida
e nada sabe de nossa vida.
A Liberdade que sei é uma menina sem jeito,
vem montada no ombro dos moleques
ou se esconde
no peito em fogo dos que jamais irão
à praça.
Na praça a Esperança se encolhe

ante o grito "Ó bendita Liberdade!"
E esta sorri e se orgulha, de verdade,
do "muito" que tem feito...

Presença

O hálito da Melancolia alargava-me
o peito, vi suas horas cinzas
mijando sobre mim, ergui-me, obscuro,
ante o último pilar desta esperança:
desvendar o que fui entre o meu povo.
Gravaram-me, então, na testa: "Eis o estranho!".

Estou deitado há muito tempo, sou culpado:
minhas mãos semearam cafezais onde me enforco
lembrando...
Do que fizemos já falaram: claro
é o contorno de nossa rota em torno dos engenhos,
o vaivém de nossos braços ninando-vos os nenês
de tez amanhecida.
Estou aqui.
Duro de ser quebrado, pois a tristeza
passa a enrijecer-me, e já me dispo
do pouco que enfim me atribuístes.
Eis-me aqui!
E convoco a vossa herança para um grande incêndio,
pois que ouso mirar-me, e já inicio!

A bala que matou Ninico

A bala…
chispou rumo a um espaço aberto
em que não estava ninguém,
raspou na trave de um campo,
apitando como trem,
seguiu, trombou com o vento,
entrou nele como alguém
que tem pressa na viagem,
e, zunindo, foi além.

Ninico, neguinho preto,
ia, brincando com o encanto
de ser criança, cantava
olhando o dia espalhado
sobre o morro onde morava.
Levava pão, mortadela
para a mãe, que esperava,
para a irmã, toda pequena,
que, rindo, também esperava
e, como ele, cantava
esperando o pão quentinho
e a mortadela; esperava.

A bala achou Ninico!

Era fria, dura, burra,
cuspia raiva
quando Ninico passou.
E o dono dela gritava,
debaixo do dia aberto:
"que fosse de encontro ao mundo!",
fizesse acerto
com tudo o que ele odiava.

A bala achou Ninico!

"Mais um!", o ódio cantava.

ESTA OBRA FOI COMPOSTA PELO ACQUA ESTÚDIO
EM MERIDIEN E IMPRESSA PELA GRÁFICA BARTIRA
EM OFSETE SOBRE PAPEL PÓLEN BOLD DA SUZANO S.A.
PARA A EDITORA SCHWARCZ EM MAIO DE 2022

A marca FSC® é a garantia de que a madeira utilizada na fabricação do papel deste livro provém de florestas que foram gerenciadas de maneira ambientalmente correta, socialmente justa e economicamente viável, além de outras fontes de origem controlada.